Rania Zaghir (Text) / **Racelle Ishak** (Illustrationen)

*W*er hat mein *E*is gegessen?

*Q*ui a mangé ma glace?

Petra Dünges
(Übersetzung aus dem Arabischen ins Deutsche)

Edition Orient

Ich saß auf einer Parkbank bei einer Brücke und überlegte hin und her: „Wie soll ich bloß dieses Eis essen? Soll ich es nach und nach aufschlecken oder soll ich besser kleine Happen abbeißen? Wie kann ich es nur essen, ohne mich zu bekleckern?"

J'étais assise sur un banc près d'un pont et je me demandais sans cesse : « Comment vais-je bien pouvoir manger cette glace ? Est-ce que je dois la lécher petit à petit ou plutôt la croquer par petits morceaux ? Comment puis-je la manger sans me tacher ? »

Plötzlich sprang ein Ungeheuer
unter der Brücke hervor und sagte:
„Ich an deiner Stelle würde das Eis
von unten nach oben schlecken.
Auf die Art kannst du dich nicht
bekleckern. Gib her, ich zeig' es dir!"

Soudain un monstre surgit de
dessous le pont et dit :
«Moi, à ta place, je lécherais la
glace de bas en haut, cela t'évitera
de te tacher. Donne-la moi, je vais
te montrer!»

Doch als ich gerade das Eis von
unten nach oben schlecken wollte,
wie mir das Ungeheuer geraten
hatte, da sprang plötzlich ein
Drache unter der Brücke hervor
und sagte:
„Ich an deiner Stelle würde das Eis
von oben nach unten schlecken.
Auf die Art kannst du dich nicht
bekleckern. Gib her, ich zeig' es dir!"

Mais au moment de lécher la glace de bas en
haut, comme le monstre me l'avait conseillé,
un dragon surgit soudain de dessous le pont et dit :
« Moi, à ta place, je lécherais la glace de haut en
bas, cela t'évitera de te tacher. Donne-la moi,
je vais te montrer ! »

Doch als ich gerade das Eis von oben nach unten
schlecken wollte, wie mir der Drache geraten hatte,
da sprang plötzlich ein Greif unter der
Brücke hervor und sagte:
„Ich an deiner Stelle würde das Eis
rundherum schlecken, und zwar
von oben nach unten.
Auf die Art kannst du dich nicht
bekleckern. Gib her, ich zeig' es dir!"

Mais au moment de lécher la glace
de haut en bas, comme me l'avait
conseillé le dragon, un griffon
surgit soudain de dessous le
pont et dit :
« Moi, à ta place, je lécherais la
glace tout autour et de haut en
bas, cela t'évitera de te tacher.
Donne-la moi,
je vais te
montrer !»

Doch als ich gerade das Eis rundherum schlecken
wollte, und zwar von oben nach unten, wie mir der
Greif geraten hatte, da sprang plötzlich eine Nixe unter
der Brücke hervor und sagte:
„Ich an deiner Stelle würde das ganze Eis in einem
einzigen Happen in den Mund stecken, dort könnte es
dann langsam schmelzen. Auf die Art kannst du dich
nicht bekleckern.
Gib her, ich zeig' es dir!"

Mais au moment de lécher la
glace tout autour et de haut
en bas, comme me l'avait
conseillé le griffon, une
nymphe surgit

soudain de dessous
le pont et dit :
« Moi, à ta place, je goberais
la glace en entier et je la
laisserais fondre lentement dans
la bouche, cela t'évitera de te tacher.
Donne-la moi, je vais te montrer ! »

Doch als ich gerade das ganze Eis in einem
einzigen Happen in den Mund stecken wollte,
damit es dort langsam schmelzen könnte, wie
mir die Nixe geraten hatte, da ... oh! Was war das?
Da war für mich ja gar nichts mehr übrig geblieben!
Nicht der kleinste Rest Eis!

Mais au moment de gober la glace en entier pour
la laisser fondre dans la bouche, comme me l'avait
conseillé la nymphe, à ce moment là ... Oh mais ...
Que s'était-il passé ? Il ne me restait plus rien !
Pas le moindre petit morceau de glace !

Nur die Eiswaffel war noch übrig!
Doch als ich gerade die Eiswaffel essen wollte,
da sprang plötzlich ein Riese mit fünf Köpfen
unter der Brücke hervor.

Il n'y avait plus que le cornet! Alors que je me
préparais à manger le cornet, un géant à cinq
têtes surgit soudain de dessous le pont.

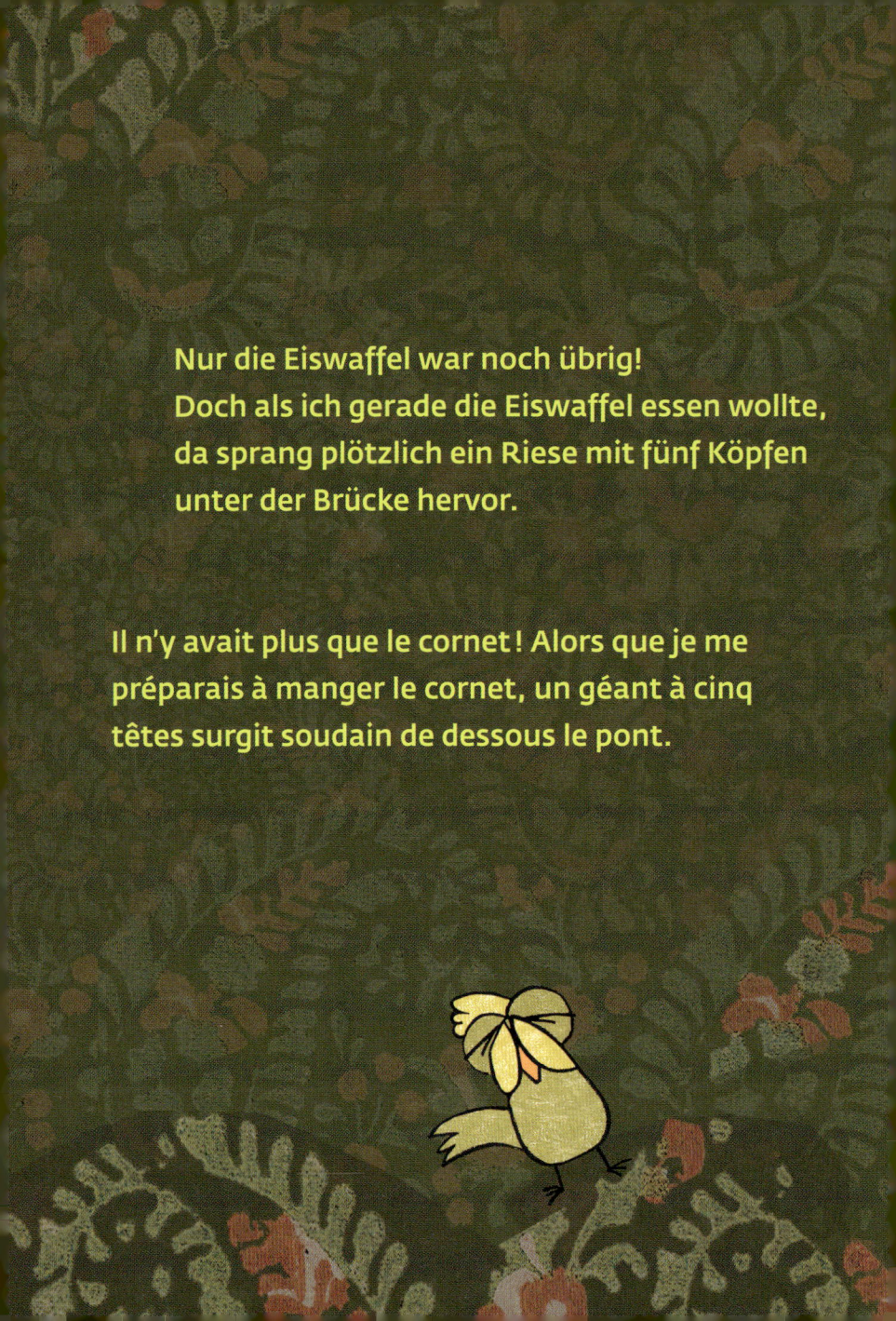

③

kaute sie
blitzschnell klein,

le croquais en
un clin d'œil

④

und schluckte sie
dann hinunter.

et l'avalais
tout aussi vite.

Beim nächsten Mal esse ich mein Eis so, wie ich es will!
Und ich lasse mir von niemandem mehr dareinreden!

La prochaine fois, je mangerai ma glace comme je le
veux ! Et je ne laisserai plus personne s'en mêler !

Wer dieses Buch gemacht hat:

Rania Zaghir

(sprich „Ranja Sarir") lebt in Beirut, der Hauptstadt des Libanon. Sie hat sich diese Geschichte ausgedacht und aufgeschrieben. Sie hat schon viele Kinderbücher geschrieben. Manche davon sind auch in anderen Ländern erschienen, diese Geschichte ist aber die erste, die auch ins Deutsche übersetzt ist.
Im Jahr 2007 hat sie einen eigenen Kinderbuchverlag gegründet, er heißt „Al-Khayyat Al-Saghir" (auf Deutsch: „Der kleine Schneider").
Wenn sie keine Geschichten erfindet und nicht in ihrem Verlag arbeitet, dann läuft sie am liebsten pfeifend und lachend und voller großer Träume am Strand entlang – häufig mit ihrem kleinen Sohn.

Racelle Ishak

hat die Bilder vom kleinen Mädchen und den vielen Ungeheuern gemalt. Sie lebt ebenfalls in Beirut.
Zwar hat sie Innenarchitektur studiert, arbeitet aber hauptsächlich als Illustratorin für Kinderbuchverlage und für verschiedene Fernsehsender.

Aber bevor er auch nur ein Wort sagen konnte,

Mais avant qu'il n'ait eu le temps de prononcer un seul mot

② stopfte die Eiswaffel in einen einzigen Happen hinein,

① öffnete ich den Mund ganz weit,

engloutissais le cornet d'une seule bouchée,

j'ouvrais largement la bouche,